Sinn & Unsinn der Ehe heute

Mathias Wais

Sinn & Unsinn der Ehe heute

GESUNDHEITSPFLEGE
initiativ

BIBLIOGRAFISCHE INFORMATION DER DEUTSCHEN BIBLIOTHEK
Die Deutsche Bibliothek verzeichnet diese Publikation in der
Deutschen Nationalbibliografie; detaillierte bibliografische
Daten sind im Internet über < http://dnb.ddb.de > abrufbar.

Gedruckt auf umweltfreundlichem,
chlorfrei gebleichtem Papier

8. Auflage 2023

© 1997 GESUNDHEITSPFLEGE initiativ
gemeinnützige Bildungsgesellschaft mbH
Hölderlinweg 31, D-73730 Esslingen
http://www.gesundheitspflege.de
http://www.maennerleben.com

Umschlaggestaltung, Grafiken, Satz:
PRmed-Consulting, Esslingen
Umschlagbild: Jürgen D. Schmidt ©
"Still crazy after all these years" (Paris)

Druck: Booksfactory

ISBN 978-3-932161-08-7

Verehrte Anwesende - *

Wir wollen heute Abend ins Gespräch kommen über die Frage nach dem Sinn der Ehe. Da möchte ich gleich vorweg ankündigen, dass ich keine griffige Antwort auf diese Frage geben werde. Ich halte es mit einem schizophrenen Maler und Dichter - über den Leo Navratil schrieb - der einmal sagte: *Welches Raten ist für zwei, dass es bis zum Tode sei? - das Heiraten.*
Ausgehend von Wahrnehmungen aus der täglichen Beratungspraxis möchte ich vielmehr einige Aspekte zu dieser Frage beitragen, welche vielleicht geeignet sein können, die ganze Rätselhaftigkeit und Widersprüchlichkeit dessen, was Ehe heute ist, vor Augen zu führen. Erst danach werde ich meine Meinung darüber, was Ehe sein kann, zur Diskussion stellen.

Aus welchem Zusammenhang heraus entsteht diese Frage nach dem Sinn der Ehe? Solange man, wie man so sagt, *glücklich verheiratet* ist, solange es gut geht und solange die Verliebtheit

---

anhält, wird man diese Frage wohl nicht stellen. Erst wenn es schwierig wird, wenn Enttäuschungen und Verletzungen auftreten, wenn die gegenseitige Sprachlosigkeit einzieht, wenn man sich zunehmend eingeschränkt, bedrängt, zum Opfer genötigt sieht, wenn Einsamkeitsgefühle aufkommen, erst dann erhebt sich die Frage: Warum mache ich das eigentlich? Was ist der Sinn davon, dass man verheiratet ist? - Wenn man sich unverstanden fühlt, ausgebeutet, vernachlässigt, wenn einem der Ehepartner mit seinen kleinen Eigenheiten so auf die Nerven geht, dass man Mordgelüste bekommt, dann taucht wie als Gegenbild zu dieser oft trüben und beängstigenden Realität das Ehe-Ideal auf, das man einst hatte; und auch alle Erwartungen und Sehnsüchte tauchen wieder auf, aus denen man einst geheiratet hatte. Auf diesem Hintergrund des Eheideals und der Eheerwartungen, die einem wieder bewusst werden, wird dann alles noch schlimmer und unerträglicher. Nach meiner Wahrnehmung reagieren gewöhnlich Ehefrauen an dieser Stelle anders als Ehemänner. Die Männer neigen in dieser Situation oft zur Resignation und suchen das, was sie zuerst, wenn auch nicht so ausdrücklich hochgehängt, in der Ehe erwartet haben, wenigstens teilweise, wenigstens ersatzweise außerhalb zu finden: im Beruf, im Kollegenkreis, gerne auch im Kolleginnenkreis, in der Freizeitgestaltung. Sie suchen nach Verstandenwerden bei den Kollegen, Bewundertwerden bei den Kolleginnen, den problemlosen Sex bei der Praktikantin, das kameradschaftliche Füreinander-Einstehen im Sportverein oder im gemeinsamen Abenteuerurlaub. Sie suchen die Nestwärme in der Partei, in der Bürgerinitiative, beim Stammtisch, im Eisenbahnerfanclub. Und sie suchen die zu Hause nicht mehr funktionierende freie Kommunikation im Internet.

Ein anderer *Typ*, wenn ich so sagen darf, von Ehemann reagiert auf die chronische Enttäuschung in der Ehe gewalttätig; nicht in erster Linie physisch gewalttätig, aber seelisch gewalttätig. Er setzt sich einfach durch, sei es im Streit, sei es mit Sturheit. Er wird offen rücksichtslos. Ehefrauen - ich spreche vom Durchschnitt, es gibt Ausnahmen - reagieren auf die Erkenntnis, dass die Ehe alles andere als das ist, was sie sich einmal davon versprochen haben, mit einer neuen und, wie ich finde, verkrampften Idealbildung. Sie basteln sich ein Verzichtsideal. Da entsteht dann das Bild der Ehe als einer asketischen Anstalt. Die Ehepartner sollen, so lautet jetzt das Ideal, auf ihre persönlichen Bedürfnisse weitgehend verzichten zugunsten des Partners. Die Frau soll auf ihre berufliche Selbstverwirklichung oder gar ihre Karriere verzichten, damit der Mann sich beruflich entfalten kann. Sie verzichtet auf ein eigenes Zimmer, damit er seinen Hobbyraum hat. Sie verzichtet auf den Urlaub in Südamerika, von dem sie eigentlich immer geträumt hat, damit ihr Mann sich einen

Die Ehe ist keine asketische Anstalt

neuen Computer kaufen kann. Kurz, es entsteht eine Opferideologie. Aber diese Art von Verzichtsideologie macht garantiert den Ehealltag noch schlimmer. Denn ein solcher asketischer Verzicht wird, weil stillschweigend und stilleidend, auch vom Ehemann erwartet, der auf solche Ideen aber gar nicht kommt. Vielmehr treibt ihn diese Art von säuerlicher Moralität noch weiter aus der Ehe hinaus. Die Ehefrau selbst steigert sich mit ihrem Askese-Ideal in eine Art seelischer Magersucht hinein; sie tut sich Gewalt an, bis dahin, dass sie unter Umständen auch körperlich krank wird. Und im Hintergrund dieser Enttäuschungsmisere: die Sinnfrage und die Angst, dass das verkrampfte und sprachlos gewordene Nebeneinander vielleicht einfach gar keinen Sinn hat. Ja, die Sinnfrage macht eigentlich alles noch schlimmer, sie überfrachtet die Ehe noch mehr. Wenn ich in der Beratungspraxis zwei verheiratete Menschen vor mir habe, ist es mein erstes Bedürfnis, mit der gewaltigen Überfrachtung des Eheideals aufzuräumen und damit auch die Sinnfrage zunächst einmal zurückzustellen. In dieser Weise werde ich jetzt auch hier vorgehen.

Das ist also das erste, was ich sagen möchte, weil es eine Folgerung aus meiner täglichen Wahrnehmung ist: Der Ehegedanke ist derart überfrachtet, dass er nur noch destruktiv sein kann. Man erwartet zu viel oder, besser gesagt, das Falsche. Einige Aspekte mögen das illustrieren.

Die Ehe ist nicht alles. Woher kommt dieser unselige Gedanke, dass die Ehe *glücklich* zu sein habe? Die Ehe ist nicht dazu da, dass man glücklich wird; die schiere Tatsache, dass man geheiratet hat, bringt einem nicht schon das Glück. In dieser diffusen Glückserwartung ballen sich Sehnsüchte und Wünsche zusammen, die von der Ehe eine Art Ausgleich aller jemals erlittenen Kränkungen, Zurücksetzungen und Mangelerlebnisse erhoffen. Die Ehe soll alle Wunden heilen, sie soll alle Ungerechtigkeiten, die einem je widerfahren sind und einem zum Beispiel im beruflichen Alltag auch in der Gegenwart widerfahren, ausgleichen oder zumindest darüber hinwegtrösten. Sie soll die kontinuierliche Liebe und jederzeit verfügbare Zuwendung bereitstellen, die man als Kind vielleicht vermisst hat. Sie soll die Rivalitäten heilen, denen man in der eigenen Geschwisterkonstellation ausgesetzt war. Der Ehepartner soll all die schwer erträglichen Eigenschaften nicht haben, die die Eltern hatten. Kurz, die Ehe soll das *Glück* bringen, das man in der Kindheit, zumindest rückblickend, vermisst hat.

Die Ehe ist keine therapeutische Veranstaltung Damit wird deutlich, worum es sich hier handelt; das möchte ich auch im Klartext sagen dürfen: Die Glückserwartung ist eine infantile Erwartung. Sie ist irreal und unrealistisch, denn sie sucht etwas an einer Stelle, was man an einer anderen Stelle vermisst oder verpasst hat. Das kann niemals gelingen. Vorwürfe und Enttäuschungen sind vorprogrammiert, wenn wir in der Ehe einen Ausgleich erwarten für das, was uns anderswo vorenthalten wurde. Die Ehe ist keine therapeutische Veranstaltung.

Die Ehe ist auch kein Campingplatz, wo man sich in jeder Hinsicht meint gehenlassen zu können und vom Partner erwartet, dass er das erträgt oder sogar gut findet. Die Ehe ist nicht ein Ort, wo man seine Eigenheiten, Schwächen und Bequemlichkeiten einfach auslebt. Sie ist nicht der Ort, wo man die dampfenden Socken auf dem Sofa liegen lässt, damit die Ehepartnerin sie wegräumt; und sie ist nicht der Ort, wo man mit Lockenwicklern und einem mit Quark und Gurken verklebten Gesicht sich an den Frühstückstisch setzt. Sie ist nicht der Ort, wo man seinen Putzfimmel einfach austoben kann.

Die Ehe ist kein Campingplatz

Und sie ist auch nicht der Ort, wo man endlich mal kommandieren darf. Sie ist nicht der Ort, wo man endlich all das ausleben kann, was man sich anderswo, im Beruf oder auch damals als Kind, versagen musste.

Es ist immer wieder erschütternd zu sehen, mit welchen, meist unausgesprochenen, Ansprüchen die Ehepartner zusammenleben: Ansprüche, geliebt zu werden, und zwar bedingungslos geliebt zu werden, auch wenn man mit verpinkelten Unterhosen herumläuft, und begehrt und geachtet zu werden, auch wenn man seit vier Wochen im gleichen Schlafanzug hängt; Ansprüche auf Tolerierung jedweder Eigenheiten und Verschrobenheiten. Es kann aber - und das ist das zweite, was ich hier deutlich sagen möchte, auch wenn dies möglicherweise Ihren Widerspruch hervorruft - keinerlei Ansprüche in der Ehe geben. Diese sind genau das, was der Verwirklichung der Ideale entgegensteht. Nehmen wir nur den unseligen Begriff der *ehelichen Pflicht*. So etwas kann es heute nicht mehr geben. Pflicht und Sexualität sind wie Feuer und Wasser. Die Ehe ist kein Selbstbedienungsladen. Jede Erwartung, dass der Andere für irgendetwas und speziell für Sex zur Verfügung zu stehen habe, missachtet ihn als freies Individuum und beendet, wie ich gleich noch ausführlicher zeigen möchte, das, was Ehe sein kann. Jede Verfügbarkeitserwartung ist das Ende einer Ehe. Die Ehe ist keine Versorgungsanstalt, weder in seelischer,

Die Ehe ist kein Selbstbedienungsladen

noch in finanzieller, noch in sexueller Hinsicht.
All diese Ansprüche ruinieren die Ehe, denn sie laufen auf die Missachtung

Die Ehe ist keine Versorgungsanstalt

des Partners als eines freien Individuums hinaus. Sie schädigen damit das, was der Partner in seinem Kern ist. Das ist die eigentliche Gewalt in der Ehe. Eine weitere destruktive und verheerende Illusion und Erwartung ist der Gedanke, es gebe nur einen richtigen Partner, den einen - und das sei eben der, den man geheiratet hat. Denn mit *richtig* meint man ja: den Erwartungen entsprechend. Oder man überhöht diesen Gedanken durch Überlegungen über das Wirken des Schicksals, welche etwa besagen, das Schicksal habe einem von vornherein nur einen einzigen Menschen zugeordnet; den müsse man eben finden, und dann sei man glücklich. Das ist der größte Unsinn im Zusammenhang mit der Ehefrage. Es gibt viele Menschen, mit denen man eine Ehe führen könnte; der, in den man sich als erstes verliebt hat, muss gar nicht dazugehören. Verliebtheit und erste Liebe sind keine guten Ehegründe, wenn es die einzigen sind. Die Vorerwartung, der, den man geheiratet hat, müsse jetzt also auch „der Richtige" sein, belastet diesen von vornherein in einer Weise, die sich in der Praxis entindividualisierend auswirkt. Denn *der Richtige* soll ja heißen: der Richtige für mich. Also haben wir wieder Erwartungen. Also erheben wir wieder Ansprüche auf bestimmte Verhaltensweisen, bestimmte Eigenschaften, auf Vereinigung. *Du bist der Richtige* heißt: *Sei und bleib so, wie ich meine dich zu kennen, und wehe, wenn du dich als ein Anderer, Eigener herausstellen solltest!*

Schon auf der leiblichen Ebene führt das zu skurrilen Auffassungen. Ein Ehemann erzählte, dass er einmal geglaubt habe, seine Frau sei für ihn die Richtige unter anderem deshalb, weil sie genau die Figur hatte, die er sich von einer Partnerin schon immer erträumt hatte: schlank und groß, zarte Glieder. Da wurde sie krank, sie wurde dick, und dann war sie auf einmal nicht mehr die Richtige. - Oder eine Ehefrau erzählte, dass sie an ihrem Mann früher seine Ordnungsliebe so geschätzt habe, und genau das habe sie auch gesucht, denn in ihrem Elternhaus sei es immer so unerträglich chaotisch zugegangen; nach ein paar Jahren habe sich aber die Ordnungsliebe des Ehemannes zur Zwanghaftigkeit gesteigert, und damit terrorisiere er jetzt die ganze Familie; er sei wohl also doch nicht *der Richtige* gewesen.

Bei der Eheschließung *ja* zu sagen, weil man den Partner für den Richtigen hält, heißt: Verändere dich nicht, entwickle dich nicht, bleib so, wie ich dich kennengelernt habe! Der Richtigkeitsanspruch entindividualisiert ebenfalls den Partner. Und er bringt diesen in eine Zwangssituation, nur das sein zu dürfen, was der Andere an ihm kennen und schätzen gelernt hat. Und wenn er das auf die Dauer nicht ist, dann fühlt man sich verlassen und einsam und verlässt ihn, zumindest innerlich.

Die Ehe ist keine Anti-Einsamkeitsversicherung

Das ist die dritte Illusion, dass Ehe eine Anti-Einsamkeitsversicherung sei. Man fühlt sich einsam, wenn man erlebt, dass der Partner Seiten hat, die er in der Ehe nicht leben kann und vielleicht außerhalb lebt. Man fühlt sich einsam, wenn der Partner nicht alles mit einem teilt, wenn er manchmal für sich sein möchte, wenn er Interessen hat, die er mit seinem Partner nicht teilen will oder kann. Man fühlt sich zurückgesetzt.

Wenn sich herausstellt, dass der Partner über seine Rolle als Ehepartner hinaus noch weitergehend ein Individuum ist, macht das Angst. Er soll nur Ehepartner sein.

Und das ist dann die vierte Illusion: dass Eheleute nur Eheleute sind; dass man bei dem Ehegedanken, besonders wenn er mit dem Glücks- und Ausgleichsanspruch überfrachtet ist, nicht anerkennen will, dass der Andere nicht nur Ehepartner ist, dass sich sein Schicksal nicht darin erschöpft, mein Ehepartner zu sein. Vor allem: Das, was ein Individuum ausmacht, ist niemals damit erledigt, dass einer verheiratet ist.

Eheleute sind nicht nur Eheleute

So. Wenn Sie bis hierhin noch nicht beschlossen haben, morgen die Scheidung einzureichen, möchte ich jetzt, nachdem ich also versucht habe, mit den Überfrachtungen und Überlastungen des Eheideals etwas aufzuräumen, positiv fragen: Was denn dann? Was ist die Ehe denn dann, wenn man von ihr nicht automatisch Glückserfüllung und Ausgleich aller Mangelerlebnisse erwarten kann?

Gehen wir, um eine Antwort zu finden, zurück in die Zeit, in der wir den späteren Ehepartner kennen gelernt, lieben gelernt und beschlossen haben, ihn zu heiraten. Verliebtheit und erste Liebe stellen ja eine Ausnahmesituation dar. Es ist eine erhobene Zeit, eine erhöhte Situation, und man hat eine andere Wahrnehmung als sonst. In der ersten Zeit der Liebe sehen wir etwas am Partner, was ich sein Urbild nennen möchte. Wir lieben an ihm das, was in ihm steckt, was er positiv sein kann. Wir gewinnen ein Bild, und zwar ein schönes Bild, seiner Fähigkeiten, seiner Möglichkeiten, seines Strebens. Wir erkennen etwas von dem, was ihn zuinnerst ausmacht. Das ist eben deshalb möglich, weil wir ihn bis dahin noch nicht im gemeinsamen Alltag kennen. Wir blicken nicht auf seine Gewohnheiten beziehungsweise können diese noch gar nicht kennen. Wir blicken vielmehr auf das, was er ist, was ihm möglich ist, menschlich, wenn er geliebt wird. Wir erfassen etwas vom Kern seiner Individualität und davon, wohin sich diese entwickeln kann. Wir erfassen das Zukünftige seiner Individualität. Dann kommt der Ehealltag, und derselbe Mensch entwickelt Gewohnheiten, zeigt Eigenarten und

Züge, die wir in der ersten Zeit gar nicht im Blick hatten und auch nicht im Blick haben konnten, weil sie eben noch nicht manifest waren. Nach ein paar Jahren starren wir nur noch auf diese Seite des Anderen, mit der wir gar nicht gerechnet haben, und verlieren allmählich das Urbild, das wir am Anfang im Auge hatten und das Gegenstand unserer Liebe war. Das kann so weit gehen, dass wir den Eindruck haben, der Partner sei gar nicht mehr derjenige, als den wir ihn einst geheiratet haben. Und man fängt an, ihm seine Eigenheiten als Schwächen vorzuwerfen.

Das ist nun der erste Schritt, der uns einer Antwort auf die Sinnfrage näherbringen kann: dass wir das paradoxe Kunststück versuchen, einerseits Anschluss zu halten an dieses Urbild und andererseits darauf zu verzichten, den Partner

Anerkennen: der Ehepartner ist ein Einzelner, Eigener, Anderer, ja Fremder

kennen zu wollen beziehungsweise zu meinen, ihn zu kennen. Mit anderen Worten: Der erste Schritt zur Gesundung in der Ehe ist die Anerkenntnis, dass der Partner ein Einzelner, Eigener, Anderer, ja Fremder ist. Das ist der einzige

Verzicht, wirklich der einzige, den der Ehegedanke fordert: ein für allemal zu wissen, was der
Partner für Züge und Eigenschaften hat, gleich-
zeitig aber im Auge zu behalten, was als Möglichkeiten in ihm steckt. Das ist ein Teil des Rätsels,
das die Ehe heute ist. Warum ist dieser Verzicht
notwendig? Sehen Sie, all die unseligen Ansprüche
an die Ehe beziehungsweise den Ehepartner, die
ich eingangs skizziert habe, laufen ja darauf hinaus, dass ich den Partner als von mir getrenntes
und unabhängig von mir und meinen Erwartungen in sich berechtigtes Individuum nicht zur
Kenntnis nehmen will. Die skizzierten Ansprüche
entindividualisieren. Die Anerkenntnis nun, dass
mein Ehepartner weit über das hinaus, was ich
tagtäglich an ihm erlebe, nicht nur ein eigenes
und eigenberechtigtes Individuum ist, sondern
mit seiner Individualität auch nie zu Ende ist, vielmehr immer in der Entwicklung steht, diese Anerkenntnis ist die einzig sinnvolle Grundlage der
Ehe.

Es ist unter Umständen zunächst eine schmerz-
liche Anerkenntnis. Denn sie führt mich zu der
Einsicht, dass ich niemals alles für meinen Partner bin und dass er Seiten hat oder haben wird,

die ich kaum kenne, die aber genauso zu seinem Wesen gehören wie das, was ich bereits an ihm kenne. Diese Anerkenntnis führt dazu, dass ich mit Einsamkeit, mit Distanz rechne und Distanz zugestehe. Warum? Erst in der Distanz, im Freigelassensein zu sich selbst kann sich der Partner zu dem entwickeln, was ich einst in ihm gesehen habe - während Ansprüche ihn eben diesbezüglich unfrei machen. Sein Schicksal geht nicht darin auf, dass er mein Ehepartner ist. Er ist prinzipiell mehr als das, was er jetzt ist, und er ist mehr als das, was er in bezug auf mich oder für mich ist. Er ist ein Eigener, ein Anderer, ein Fremder. Es reicht nicht, dass man sich dazu durchringt, diese Tatsache zu tolerieren. Man muss sie wollen. Man muss das Eigensein und Eigenwerden des Partners unterstützen wollen. Auch das führt zu einer Art von Einsamkeitserlebnissen, beiderseits, aber jetzt nicht resignativ, sondern solidarisch. Rilke hat das sehr treffend formuliert. Er sagt: *Eine gute Ehe ist die, in welcher jeder den anderen zum Wächter seiner Einsamkeit bestellt.* Es geht hier um Solidarität. Das ist etwas anderes als Anspruch. Und das ist dann der zweite Schritt auf dem Weg zur Beantwortung der Sinnfrage. Natürlich gibt es - und soll es geben - Bereiche, wo die Eheleute eine Einheit bilden. Es ist unbedingt wünschenswert und ein sehr berechtigtes Glück, wenn sie seelisch zusammen- **Solidarität** schwingen. Wenn sich das ein- **statt Anspruch** stellt, dann ist es ein Geschenk, und dann soll man es nehmen. Aber man kann es nicht fordern. Eheleute bilden auch eine Einheit, was die täglichen gemeinsamen Gewohnheiten betrifft; die geben Sicherheit und Wärme, und auch das ist ganz bestimmt in Ordnung. Aber wiederum kann man eben nicht fordern, dass über gemeinsame Gewohnheiten Sicherheit ent- stehe. Auch bilden Eheleute natürlich eine Ein- heit, wenn sie in Freiheit - und nicht, weil es Pflicht ist, nicht um sich einfach nur am anderen zu bedienen - miteinander schlafen. Aber in ihrem Ich, in ihrer Individualität, in bezug auf das Urbild, das man anfangs so klar gesehen hat, können sie keine Einheit bilden, und auf dieser Ebene darf auch keine Einheit gesucht werden. In seinem Ich ist jeder ein Eigener und auf großer Distanz zum Partner. Das macht eine fruchtbare Spannung aus, beziehungsweise diese Spannung wird fruchtbar dadurch, dass ich das Urbild, das ich am Anfang so klar erlebt habe, wachhalte, es immer wieder aufsuche. Man kann das Urbild eines Menschen immer nur aus der Distanz erfassen. Damit ist nicht in erster Linie die räumliche Distanz gemeint, sondern das innere Freilassen, der Verzicht auf Ich-Verschmelzung und der Verzicht darauf, zusammen wie eine Person zu sein und gleiche Meinungen, Sehnsüchte, Gedanken zu haben.

Verzicht auf Ich-Verschmelzung

Dem Anderen die Möglichkeit geben, dieses ganz eigene, nicht mit mir deckungsgleiche Ich zu sein oder zu werden, das ist Solidarität. Das ist ein ganz großes Geschenk, weil es eigentlich gegen den Strich des alltäglichen Erlebens gebürstet ist; das gegenseitige Anecken im Zusammenleben ruft ja zunächst immer die Gegenreaktion hervor: Der soll so sein, wie es für mich richtig, bequem, heilsam, tröstlich ist! Wenn aber diese Solidarität nicht gefordert, sondern in Freiheit geschenkt wird, dann kann Ehe eine Entwicklungsgemeinschaft sein oder, wie es Rilke gesagt hat: *Der Sinn meiner Ehe ist der, diesem lieben jungen Menschen zu sich, zu seiner Größe und Tiefe zu helfen, soweit eben einer dem anderen helfen kann.*

Das zeigt den weiteren Schritt bei der Suche nach dem Sinn der Ehe: Ehe als Entwicklungsgemeinschaft aufzufassen, nicht als Versorgungsgemeinschaft. Denn Entwicklungsgemeinschaft liegt vor, wenn der Zweck der Gemeinschaft die gegenseitige Förderung ihrer Mitglieder ist, das gegenseitige Zutrauen und Helfen dabei, dass der Partner das auf die Erde bringt, was in ihm steckt. Verwechseln Sie das jetzt nicht mit dem verhärmten Verzichtsideal. Ich habe

Ehe als Entwicklungsgemeinschaft

nicht gesagt, man solle sich aufgeben, damit der Partner sich entwickeln kann. Ich habe erstens gesagt, dass das nur in Gegenseitigkeit und Freiheit geschehen kann; und ich habe zweitens gesagt, dass der einzige wirklich notwendige Verzicht der ist, den Partner nicht für sich haben zu wollen, ihn nicht so haben zu wollen, wie man ihn zu brauchen und zu kennen meint.

Noch einmal möchte ich Rilke zu Wort kommen lassen: *Das Bewusstsein vorausgesetzt, dass auch zwischen den nächsten Menschen unendliche Fernen bestehen bleiben, kann ihnen ein wundervolles Nebeneinanderwohnen erwachsen, wenn es ihnen gelingt, die Weite zwischen sich zu lieben,*

die ihnen die Möglichkeit gibt, einander in ganzer Gestalt und vor einem großen Himmel zu sehen.
Dann kommt auf unserer Suche nach dem Sinn der Ehe der vierte und eigentlich paradoxe Schritt. Dazu muss ich ein bisschen ausholen. Sie werden, falls Sie mir bis hierher folgen wollten, die Frage haben: Muss denn, damit die beiden sich individualisieren, das heißt als Individuum entwickeln können, tatsächlich ein derartiger Aufwand getrieben werden? Wenn es um die Individualisierung geht, dann sollen die beiden doch Singles bleiben und in der Woche einmal miteinander essen gehen. Dann können sie sich uneingeschränkt entfalten, und das ganze seelische Affentheater könnte man sich ersparen. - Es ist aber nun ein Unterschied, und um den geht es beim modernen Menschen, ob ich meine Ich-Werdung alleine und ungestört in meinem Appartement verfolge, weil ich es eben so will, oder ob ich das von vornherein in Bezogenheit auf einen anderen Menschen tue, von vornherein in der Eingebundenheit in diesen elementaren sozialen Zusammenhang der Ehe. Und es ist ein Unterschied, ob ich das tue, weil ich es will, oder ob ich es tun kann, weil es mir in Freiheit geschenkt wird.

Das ist das Paradox und das große Rätsel an der Ehe. Es geht um die Spannung zwischen dem Ich und dem sozialen Bezug. Eine gegenseitig gewollte und geförderte Ich-Werdung ist eben etwas anderes als eine allein verfolgte, und auch etwas anderes als eine eingeforderte. Alles, was heute die zwischenmenschlichen Probleme ausmacht, welche sich aus der Spannung zwischen dem Menschen als Individuum und dem Menschen als sozialem Wesen ergeben, all das kommt in der

Gegenseitig gewollte Ich-Werdung als Sinn

Ehe auf den Punkt. Dieses moderne Paradox zwischen Individualisierung und sozialer Verantwortung geht hier durch das Nadelöhr. Denn man ist hier immer, tagaus, tagein, mit der Frage konfrontiert, wie man das ausgleicht, wie man beiden Seiten seines Menschseins und des Menschseins seines Partners gerecht wird. Die Ehe ist eine Unmöglichkeit, der wir uns heute stellen, weil wir meinen, damit an etwas zu arbeiten, von dem in Zukunft das Zusammenleben der Menschen überhaupt abhängen wird: gegenseitig Freiheit schenken, ohne Erwartungen zu haben; dem Partner die Freiheit schenken, ein Eigener zu sein

und das auf die Erde zu bringen, was er an men-
schlichen und moralischen

Freiheit schenken

Talenten als Möglichkeit in
sich trägt. Nun geht das sicher auch außerhalb
der Ehe, in Freundschaften, im Kollegenkreis, in
vorübergehenden Partnerschaften. Aber diese
leben sehr stark - natürlich zu recht - aus der Über-
schneidung der Interessen, der Gefühle, der Fähigkeiten und so weiter. Sie leben aus den Gemein-
samkeiten, die man hat. Die Ehe lebt aber, wenn
sie wirklich lebt, nicht primär aus der Gemein-
samkeit - das ist eben der große Irrtum -, sondern
aus der Anerkenntnis des Andersseins des Anderen. Damit schafft sie urbildlich soziale Substanz,
welche unser Zusammenleben überhaupt braucht,
wenn es jemals Frieden geben soll.

Ich möchte das letzte Rilke-Zitat wiederholen:
*Das Bewusstsein vorausgesetzt, dass auch zwi-
schen den nächsten Menschen unendliche Fernen
bestehen bleiben, kann ihnen ein wundervolles
Nebeneinanderwohnen erwachsen, wenn es ihnen
gelingt, die Weite zwischen sich zu lieben, die
ihnen die Möglichkeit gibt, einander in ganzer
Gestalt und vor einem großen Himmel zu sehen.*

Sie merken, wie durch eine solche Haltung ein großer Atem in die Ehe kommt. Sie wird frei von den unseligen, destruktiven Erwartungen. Man erkennt, dass es letztlich bei der Ehe - und das ist wieder ein Paradox - gar nicht um die Beiden geht, obwohl ihr Zweck gerade die Entfaltung der Beiden ist; letztlich geht es um etwas Überpersönliches, das über die Beiden hinausreicht. So stellt sich also die Sinnfrage als sehr vielschichtig und paradox dar, und es dürfte klar sein, dass das Gesagte in der Praxis keineswegs so ohne weiteres umsetzbar ist, dass es auch sehr anstrengend ist, zu einer solchen Haltung überhaupt zu kommen.

Ehe lebt aus der Anerkenntnis des Andersseins des Anderen

Aber es gibt da noch ein weiteres Paradox, das sozusagen für diese Mühen belohnt. Wenn man sich daran macht, diese freilassende Haltung umzusetzen, bekommt man auf einmal all das geschenkt, was ich am Anfang als so problematisch dargestellt habe, wenn es gefordert wird. Jetzt auf einmal erlebt man frei geschenkte Anerkennung und Zuwendung, frei geschenkten

Ausgleich für seine Mangelerlebnisse, liebevolles Akzeptieren der eigenen Eigenheiten durch den Partner und die Liebe zum Unvollkommenen. Jetzt stellt sich auf einmal das Gefühl ein: Mein Partner ist der Richtige.

Ob mein Partner der Richtige ist, das hängt von mir ab

Ob also mein Partner der Richtige ist, das hängt von mir ab, davon, wie ich die Ehe auffasse und führe. Und ob meine Ehe einen Sinn hat, hängt davon ab, ob ich ihr in der beschriebenen Weise einen Sinn gebe.

Weitere Titel von Mathias Wais im Gesundheitspflege-Verlag:

Herrn Preindls Sterbe-Etüden
Eine Ermutigung | ISBN 978-3-932161-83-4

"Erzähl mir von der Zukunft, Opa"
Über Möglichkeiten, Unmöglichkeiten
und Überraschungen des Alters
ISBN 978-3-932161-82-7

Das Ich findet sich, wenn es sich loslässt
Über den roten Faden im Lebenslauf
2. Auflage | ISBN 978-3-932161-71-1

Dialogisch erziehen
Beziehung und Methode in der Erziehungspraxis
ISBN 978-3-932161-78-0

Wie werden aus Jungs richtige Männer
.... und wer ist dafür zuständig?
(mit Ulrich Meier und Claudia Grah-Wittich)
ISBN 978-3-932161-75-9

Sexueller Missbrauch
Symptome, Prävention, Vorgehen bei Verdacht
2. Auflage | ISBN 978-3-932161-73-5

Die Kraft der Krise
Männliche und weibliche Potenziale
sich neu zu (er-)finden (mit Michaela Glöckler)
ISBN 978-3-932161-70-4

Das Kind ist der Zukunft näher als der Erwachsene
ISBN 978-3-932161-32-2

Karma und Begegnung
ISBN 978-3-932161-31-5

Entwicklung zur Sexualität
Begleitende Erziehung und Aufklärung
ISBN 978-3-932161-12-4

Weitere Buchtitel finden Sie im E-Shop unter
der Web-Adresse: www.gesundheitspflege.de
... mehr Kompetenz in Gesundheitsfragen

**Bei GESUNDHEITSPFLEGE initiativ
sind u.a. außerdem erschienen:**

Michaela Glöckler und Ulrich Meier
Partnerschaft und Ehe
verstehen und sinnstiftend leben
ISBN 978-3-932161-77-3

Markus Treichler
Das erschöpfte Ich
Burnout erkennen - verstehen - vermeiden
ISBN 978-3-932161-80-3

Bartholomäus Maris
Die Wechseljahre der Frau
Reifung im Zeitalter der Hormonbehandlung
ISBN 978-3-932161-47-6

Lüder Jachens
Haut & Seele
Ein geheimnisvolles Wechselspiel
ISBN 978-3-932161-66-7 (überarbeitete + erweiterte Neuauflage)

Michaela Glöckler/Volker Fintelmann/Jürgen Schürholz
Spiritualität & Gesundheit
Am Beispiel der Krebserkrankung
ISBN 978-3-932161-62-9

Michaela Glöckler
Wahrheit + Lebenskraft
ISBN 978-3-932161-33-9 (überarbeitete Neuauflage)